Disney

Encantada

La historia de Giselle

El álbum de la película

Adaptado por Sarah Nathan
Basado en el guión escrito por Bill Kelly
Productores ejecutivos: Chris Chase, Sunil Perkash, Ezra Swerdlow
Producida por Barry Josephson y Barry Sonnenfeld
Dirigida por Kevin Lima

EDITORIAL EVEREST, S. A.
División de Licencias y Libros Singulares
Calle Manuel Tovar, 8
28034 Madrid (España)
ISBN: 978-84-241-4681-8
Depósito legal: LE. 1.819-2007
Printed in Spain - Impreso en España
Editorial Evergráficas, S. L.

Había una vez, en el reino mágico de Andalasia, una bella doncella llamada Giselle. Vivía en una casita en un árbol, en el bosque encantado, rodeada de sus amigos los animales. El mejor amigo de Giselle era Pip, una diminuta ardilla listada, fiel y leal. Giselle era feliz, pero deseaba ardientemente encontrar el amor verdadero.

En otro lugar del reino vivía un apuesto príncipe llamado Edward. Era fuerte y atractivo. Para mantener el reino a salvo, pasaba sus días cazando a los horribles troles en compañía de su ayuda de cámara, Nathaniel, que nunca se separaba de él. Al príncipe no le faltaba nada..., excepto su amor verdadero.

Entonces, un aciago día, Edward estaba cazando troles y se puso a entonar una canción sobre el beso del amor verdadero. De pronto, al otro lado del bosque, comenzó a sonar una bella voz, que parecía responder a su canción. Edward subió de un salto a su caballo y comenzó a perseguir a aquella voz. ¡Una persona capaz de cantar una canción así estaba hecha para él!

Pronto descubrió de quién se trataba, porque Giselle cayó literalmente en sus brazos, cuando él la salvó de un trol algo más feo de lo habitual. Edward miró sus preciosos ojos y proclamó:

—Nos casaremos mañana por la mañana.

Entonces, la pareja comenzó a cantar su canción de amor verdadero, mientras los animales del bosque los contemplaban.

Todos los habitantes del reino se sentían felices..., menos la malvada madrastra de Edward, la reina Narissa. Si la pareja se casaba, ella dejaría de ser reina. De modo que Narissa se disfrazó de anciana el día de la boda, engañó a Giselle y... ¡la llevó a un pozo mágico de los deseos!

Giselle cayó por un oscuro túnel. Mientras caía, sintió una sensación extrañísima en los brazos y las piernas. ¿Qué le estaba sucediendo?

¡Clonc!

Giselle respiró hondo y miró a su alrededor. Todo estaba en silencio. En aquel lugar húmedo y oscuro, solo se oía un eco lejano de agua que goteaba. La única luz que se veía procedía de cinco pequeños agujeros que había en una especie de tapa redonda situada sobre su cabeza. Giselle apartó aquella tapa con todas sus fuerzas y apareció en una nueva realidad: ¡Times Square, en plena ciudad de Nueva York!

—¡Oiga! ¡Disculpe! ¡Por favor! —gritaba Giselle a los atareados neoyorquinos que circulaban por la calle abarrotada—. Me pregunto si alguna de estas amables personas sabría indicarme dónde está el castillo.

La gente la miraba extrañada, pero nadie se detenía. Nadie la ayudó. Giselle buscó por toda aquella enorme ciudad, pero no se veía el castillo por ninguna parte.

Para colmo, empezó a llover. ¡Así no era como Giselle había imaginado el día de su boda!

Comenzó a oscurecer, y la lluvia no cesaba. Giselle estaba agotada y empapada de caminar bajo la lluvia. Casi había perdido la esperanza cuando, de pronto, levantó la vista y divisó un precioso castillo.

Desgraciadamente, aquel castillo no era más que una valla publicitaria. Pero Giselle creyó que era de verdad. Se subió de un salto a un coche y trepó por la escalera que llevaba a la pasarela de la valla. La superficie metálica estaba resbaladiza por la lluvia y Giselle tuvo que luchar por mantener el equilibrio.

Cerca de allí, un abogado llamado Robert —atractivo, pero demasiado serio— iba en un taxi con su hija Morgan. La niña creía en los cuentos de hadas, aunque su padre, que era demasiado práctico, siempre le decía que no eran verdad.

Desde el asiento trasero del taxi, Morgan miró por la ventanilla y dio un respingo. ¡Había una princesa en una valla publicitaria! Salió corriendo del taxi y llamó a la joven.

—¡Ah, hola! —exclamó Giselle—. Me preguntaba si tú... —el pie de Giselle resbaló sobre el metal mojado.

Perdió el equilibrio y se agarró a la repisa con las manos, pero no consiguió aguantar. ¡Giselle se cayó!

—¡Sálvala, papá! —exclamó Morgan.

Robert corrió hacia ella, con las manos extendidas. Giselle aterrizó en sus brazos y juntos cayeron sobre el pavimento mojado.

Sonó un trueno y no paraba de llover. Debían resguardarse de aquella tormenta, así que los tres fueron al apartamento de Robert. Por el camino, Giselle habló a Robert y Morgan del príncipe Edward y de cómo había llegado a Nueva York.

—Estoy segura de que vendrá a rescatarme de esta extraña tierra por la mañana —dijo Giselle—. ¡Me llevará a casa y nos daremos un beso de amor verdadero!

—¿Un beso de amor verdadero? —preguntó Robert, levantando una ceja.

Giselle miró a Robert con un gesto muy sincero.

—Es la cosa más poderosa del mundo.

—Seguro —dijo Robert.

Estaba claro que él no creía en esa clase de poder.

Giselle se detuvo ante la puerta del apartamento. El gran cancán de su vestido de boda era demasiado ancho para el hueco. ¡Se había quedado atascada!

Morgan extendió la mano para ayudarla. Tras un fuerte tirón, Giselle entró dando tumbos en el apartamento..., aunque su cancán seguía atascado en el hueco.

Cuando todos se hubieron secado, Robert sacó su teléfono. Iba a llamar a un taxi para Giselle.

—No la obligarás a marcharse, ¿verdad, papá? —preguntó Morgan.

Robert atendió las súplicas de su hija. No le gustaba la idea de que una extraña durmiera en su sofá, pero era cierto que parecía tener mucho sueño y en la calle estaba lloviendo. Entonces, miró al sofá y vio que Giselle ya se había quedado dormida.

Lanzó un suspiro y guardó el teléfono. Ya se le ocurriría qué hacer con Giselle por la mañana.

A la mañana siguiente, en la ajetreada plaza de Times Square, el príncipe Edward asomó por el mismo agujero por donde Giselle había surgido poco antes. Llegaba para rescatar a su futura esposa.

Pip se había unido a él en su misión y estaba dispuesto a cualquier cosa con tal de ayudar a su amiga Giselle. Pero cuando quiso explicárselo a Edward..., ¡no podía! En este mundo, Pip solo era capaz de soltar pequeños chillidos... ¡Como una ardilla listada cualquiera! Se agarró la garganta, intentando explicar al príncipe su desgraciada situación. Pero el príncipe no comprendió. Pensaba que Pip simplemente se había quedado sin habla ante su estimada presencia.

—Vamos, Pip —dijo Edward, sin prestar atención a los gestos de la ardilla—. Tenemos que encontrar a una doncella.

En otro lugar de la ciudad, Giselle abrió los ojos y bostezó. La noche anterior había estado tan cansada que apenas se había fijado en el apartamento de Robert y Morgan. Pero ahora, a la luz del día, vio que estaba bastante desordenado. Aquello no podía ser. Ya que sus nuevos amigos habían sido tan amables, quiso hacer algo agradable por ellos. Decidió limpiarles la casa.

Corrió a la ventana y comenzó a cantar, llamando a los animales para que la ayudaran a limpiar. Después de todo, los pájaros, conejitos y ardillas se cuentan entre los mejores limpiadores del bosque. Pero Giselle ya no estaba en el bosque de Andalasia. Y las criaturas que acudieron a su llamada eran bichos de la ciudad de Nueva York, como ratas, palomas y cucarachas.

Giselle se quedó sorprendida al ver el equipo de limpieza, pero dedicó a las criaturas una cálida sonrisa.

—¡Atención todo el mundo! —exclamó—. ¡Vamos a recoger todo!

Mientras Giselle y sus amigos limpiaban, Morgan se iba despertando poco a poco. Escuchó un alboroto fuera, de modo que se acercó a la puerta de su dormitorio y la abrió. Entonces dio un respingo. ¡Había un grupo de ratas haciendo la colada! Corrió a buscar a su padre.

—¡Despierta! —gritó Morgan, saltando a la cama de su padre—. ¡Tienes que venir a ver esto!

Cuando Robert vio su apartamento lleno de bichos, le entró miedo. Morgan y él se apresuraron a deshacerse de ellos. Acababan de vaciar el apartamento de toda aquella vida salvaje cuando sonó el timbre. Era Nancy, la novia de Robert.

Nancy miró a su alrededor y abrió mucho los ojos. Jamás había visto el apartamento tan limpio. Pero se quedó aún más sorprendida al encontrar a una mujer pelirroja en el apartamento. Giselle estaba allí de pie, ajena a la tensión que creaba su presencia.

Pero Robert se dio cuenta de lo que pasaba. Observó cómo Nancy se iba enfadando cada vez más. Después, furiosa, Nancy salió del apartamento.

A Robert las cosas no le iban nada bien ese día. Había despertado con la casa llena de roedores. Nancy estaba enfadada con él. Y, para colmo, acababa de darse cuenta de que... ¡Giselle se había hecho un vestido con las cortinas del cuarto de estar!

En aquel mismo instante, no muy lejos de allí, un autobús de la ciudad de Nueva York dio un brusco frenazo. El príncipe Edward acababa de atravesar el techo con su espada. Después, se bajó de un salto y se asomó por la puerta abierta.

—¿Giselle? ¿Mi amor? —llamó. Después miró el autobús lleno de neoyorquinos—. ¡La bestia de acero ha muerto, campesinos! ¡Ahora sois todos libres!

La conductora se bajó del autobús furiosa. ¡Su ruta no la detenía nadie!

Por suerte para Edward, Nathaniel también acababa de llegar a Manhattan y logró salvar al príncipe de la enfadada conductora. Pero el verdadero propósito de Nathaniel no era ayudar a Edward. Narissa le había enviado para evitar que el príncipe encontrara a Giselle. Él era capaz de cualquier cosa con tal de contentar a su amada reina.

Poco después, Nathaniel se encontró en la cocina de un restaurante de la ciudad de Nueva York. Había acudido allí para reunirse en secreto con Narissa. De pronto, la voz de la reina atronó en toda la estancia. ¡Le estaba mirando desde una olla de agua hirviendo!

Narissa envió a Nathaniel tres manzanas envenenadas.

—Un mordisco —siseó—. Uno solo basta.

Así Giselle no volvería a causarle problemas.

Por desgracia para Nathaniel, Pip lo había escuchado todo y corrió a avisar al príncipe Edward. Como no podía hablar, intentó comunicarse por señas, pero el príncipe no comprendía.

—¿Crees que morirías si no pudieras estar cerca de mí? —preguntó Edward.

Pip suspiró. Estaba claro que tendría que salvar a Giselle de la reina y de Nathaniel él solo. ¡Era pedir demasiado a una ardilla tan pequeña!

Mientras Nathaniel tramaba malvados planes con Narissa, Robert se enfrentaba a sus propios problemas. ¡Giselle no paraba de meterle en líos! Primero había organizado un embrollo con Nancy y después casi había logrado que le despidieran del trabajo!

Robert era un abogado de divorcios; se dedicaba a ayudar a la gente a separarse. Pero cuando Giselle descubrió que uno de los clientes de Robert iba a divorciarse, se echó a llorar. No conseguía entender que una pareja no quisiera estar junta para siempre. Cuando su jefe entró en la habitación y vio a Giselle llorando por el amor perdido, Robert no quedó en buen lugar.

Robert estaba decidido. Aunque Giselle era guapa y resultaba encantadora en su inocencia, le creaba demasiados problemas. Debía marcharse a su casa. Robert dejó su despacho y la acompañó hasta la entrada del Parque Central.

—Toma un poco de dinero —dijo amablemente—. Quiero que lo uses para llamar a tu príncipe.

Después se despidió y se dispuso a regresar a su despacho. No había llegado demasiado lejos cuando Giselle volvió a meterse en líos. ¡Estaba regalando el dinero a una anciana!

Robert regresó corriendo, preocupado, y se llevó a Giselle casi a rastras.

Entonces, mientras paseaban por el parque, comenzaron a charlar.

—¿Cuánto tiempo hace que conoces a tu príncipe? —preguntó Robert, mientras bajaban un camino bordeado de árboles.

—Bueno —dijo Giselle—, un día más o menos.

Robert se quedó atónito. Nancy y él llevaban cinco años saliendo. Cuando se lo contó a Giselle, ella se quedó desconcertada.

—¿Salir? —preguntó.

—¡Sí, salir! Significa ir a algún lugar especial —explicó.

Después le contó que salir con alguien era una buena manera de llegar a conocer a una persona antes de casarse con ella.

Mientras charlaban, Nathaniel, disfrazado, se acercó a Giselle y le ofreció una manzana cubierta de caramelo. Pero no se trataba de una manzana corriente: ¡era una de las manzanas envenenadas de Narissa! Cuando estaba a punto de darle un mordisco, Giselle hizo un gesto brusco y la manzana se le escapó de la mano. Se había salvado... por ahora.

Continuaron su paseo y Robert comenzó a pasarlo bien. Giselle era encantadora y muy divertida. ¡Hasta que empezó a cantar, claro! Robert se puso colorado de vergüenza: ¡todo el mundo les estaba mirando!

Pronto se fueron uniendo más personas. Unos músicos se aprendieron la canción y la gente comenzó a bailar al son de la melodía. Resultaba difícil no dejarse llevar por la canción y el baile de Giselle.

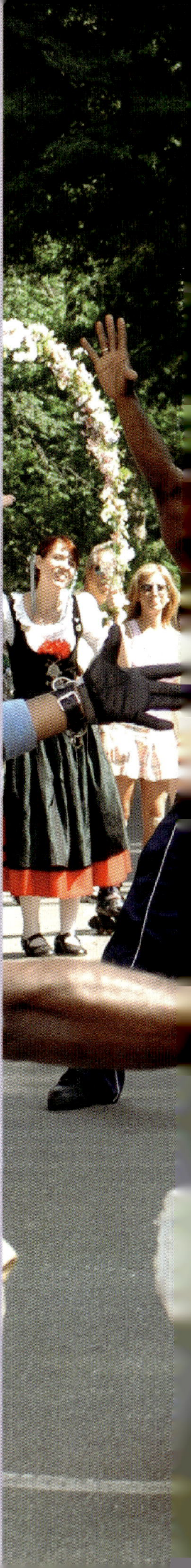

NEW YORK
5

Giselle se detuvo un instante, silbó, y dos palomas se posaron sobre su mano extendida. Les entregó un ramo de flores y pidió que se lo llevaran a Nancy.

Al cabo de un instante, Nancy llamó a Robert a su teléfono móvil. Había recibido las flores y... ¡le habían encantado! Robert se fue a buscarla. Pero antes de marcharse, miró intrigado a Giselle. ¿Cómo había logrado hacer una cosa así?

Más tarde, aquella noche, Robert, Giselle y Morgan salieron a cenar. Nathaniel, que vigilaba a Giselle de cerca, estaba en el restaurante disfrazado de camarero. Ofreció a Giselle una bebida especial hecha con otra manzana envenenada. Por suerte, Pip estaba allí para evitar que Giselle bebiera el veneno.

La presencia de Pip no pasó inadvertida para los clientes del restaurante. Mientras la ardilla hacía gestos desesperados para advertir del zumo de manzana envenenada, la gente pensó que el animalito estaba atacando a Giselle. Sin embargo, a Giselle no le importó, porque Pip le había dado una noticia estupenda: ¡Edward estaba en la ciudad buscándola!

Cuando salió el sol a la mañana siguiente, Giselle ya se había levantado. Llevaba un vestido nuevo, hecho con las cortinas de la habitación de Morgan, y estaba preparando el desayuno. De pronto, sonó el timbre. Giselle miró a Robert y a Morgan. ¿Quién podía ser?

—¡He venido a rescatar a mi encantadora prometida, la bella Giselle! —declaró el príncipe Edward, entrando en el apartamento a grandes zancadas.

Al ver a Robert, el príncipe se detuvo y desenvainó su espada. Pensaba que Robert había tenido secuestrada a Giselle y estaba dispuesto a luchar con él.

Giselle no quería que los dos hombres se pelearan. Rápidamente presentó a todo el mundo. Cuando Edward estuvo seguro de que Robert no había secuestrado a su amor verdadero, volvió a envainar la espada. Después, empezó a cantar a Giselle.

Por unos instantes, el sonido de su voz inundó el apartamento. Pero, poco a poco, se fue callando al ver que estaba cantando solo. Giselle no se había unido a él. Estaba demasiado ocupada pensando.

—Antes de marcharnos —dijo—, hay algo que me encantaría hacer.

—Pide por esa boquita, mi amor —respondió Edward—, y tus deseos te serán concedidos.

Giselle preguntó a Edward si podían tener una cita.

Aunque el príncipe no había oído hablar de aquello en su vida, accedió en seguida.

Cuando llegó el momento de despedirse de sus nuevos amigos, Giselle comprendió que marcharse no le alegraba tanto como había imaginado.

A pesar de todo, poco tiempo después, Giselle se encontraba con su príncipe en el puente de Brooklyn. Mientras caminaban, intentó no pensar en Robert y en Morgan, aunque le apetecía volver a verlos.

Después, se le ocurrió una idea. Aquella noche, más tarde, se celebraba un baile. Robert y Nancy pensaban acudir, de modo que... ¿por qué no podían ir Giselle y Edward?

Edward accedió, de modo que Giselle regresó corriendo al apartamento para buscar a Morgan. Tenía muy poco tiempo, así que... ¡necesitaría la ayuda de un hada madrina para prepararse!

—Se me ocurre algo mejor que un hada madrina —dijo la niña.

¡Tenía una tarjeta de crédito! Se suponía que solo debía usarla para emergencias, pero... ¡sin duda era una emergencia el que una princesa no tuviera vestido el mismo día del baile!

Morgan llevó a Giselle a las tiendas más bonitas de la ciudad de Nueva York. Una chica que iba a asistir a un baile necesitaba muchas cosas nuevas, y Morgan sabía exactamente lo que había que comprar: un vestido y unos zapatitos (¡de cristal, claro!) Después de pasar horas y horas comprando, las dos fueron a una peluquería para hacerse un tratamiento de belleza digno de dos princesas. Morgan estaba contentísima. Estar con Giselle era un sueño hecho realidad.

—¿Así que esto es lo que se siente? —preguntó Morgan.
—¿Cómo dices, cariño? —preguntó también Giselle.
—Al salir de compras con tu madre —dijo Morgan.
Giselle nunca había salido de compras con su madre.
Le confesó a Morgan que no lo sabía.
—Pero me gusta —añadió Giselle.
—A mí también —dijo Morgan.

Más tarde, cuando Giselle y el príncipe Edward llegaron al baile, Giselle no podía creer lo que veían sus ojos. ¡Se trataba de un baile de disfraces! Los invitados iban vestidos con los típicos trajes de los cuentos de hadas. Se sentía completamente fuera de lugar con aquel vestido tan sofisticado. Entonces vio a Robert y su corazón comenzó a latir con fuerza. ¿Cómo no se había dado cuenta antes de lo guapo que era? ¡Parecía un príncipe!

Y él pensó que ella parecía una princesa. Cuando la orquesta comenzó a tocar una nueva canción, el director pidió a todos que bailaran con alguien que no fuera su pareja. El príncipe Edward tomó la mano de Nancy, y Robert acompañó a Giselle a la pista de baile.

Robert guió a Giselle por todo el salón de baile al ritmo de un vals. Giselle se sentía como si estuviera flotando en el aire. Suspiró y apoyó la cabeza contra su hombro, disfrutando de aquel momento maravilloso. Entonces Nancy regresó a buscar a su pareja.

Giselle contempló a Robert y Nancy, que giraban y giraban, y sintió un pinchazo en el corazón. Ella no pertenecía a ese mundo ni a Robert. Con el corazón lleno de pesar, dijo al príncipe Edward que estaba lista para regresar a casa. Mientras él corría a buscar su capa, apareció una anciana junto a Giselle.

¡Se trataba de Narissa! Iba disfrazada de la anciana que había engañado a Giselle en Andalasia, y le entregó una manzana.

—Solo un bocado, querida, y se te pasará todo.

Giselle miró al otro lado de la pista de baile y vio a Robert y Nancy bailando. Se le llenaron los ojos de lágrimas. Se llevó la manzana a los labios y la mordió.

Cayó un rayo y Giselle se derrumbó contra el suelo. La manzana escapó de su mano rodando, bajó por la larga escalinata y cayó junto al pie de Robert. Mientras él recogía la fruta, la malvada risa de Narissa inundó la estancia.

Entretanto, el príncipe Edward regresó y se encontró a su madrastra llevándose a Giselle a rastras. Gritó pidiendo ayuda. Robert y Nancy acudieron en seguida para ver qué sucedía.

En aquel preciso instante llegaron Nathaniel y Pip. Nathaniel estaba cansado de hacer todos los trabajos malvados de la reina. Confesó el plan de Narissa.

—¡La ha envenenado! —gritó Nathaniel.

Nadie sabía qué hacer. El reloj del vestíbulo comenzó a dar las campanadas.

—Cuando el reloj toque las doce —dijo Narissa—, ¡ella estará muerta!

Al oír las palabras de Narissa, a Robert se le paró el corazón. No podía dejar morir a Giselle. De pronto, se le ocurrió una idea.

—El beso del amor verdadero... —dijo—, es la cosa más poderosa del mundo.

Edward oyó a Robert y se puso en marcha. Corrió junto a Giselle y le dio un beso. Giselle no se movió. El príncipe Edward miró a Robert y el reloj volvió a sonar. ¿Acaso el beso procedía del hombre equivocado?

Robert movió la cabeza.

—No es posible —dijo—. ¡No puedo ser yo!

—Tienes que ser —contestó el príncipe Edward.

Nancy asintió con la cabeza y Robert se inclinó, mientras el reloj tocaba la medianoche, y dio un suave beso a Giselle.

Todos se inclinaron para mirar, ansiosos por ver si Giselle se despertaba. Giselle abrió los ojos muy despacio. Miró a Robert.

—Sabía que eras tú —dijo con una sonrisa.

—¡¡¡Noooooooooooo!!! —gritó Narissa.

¡Aquello no formaba parte de su plan! Entonando unas palabras mágicas, Narissa provocó una explosión de energía que dejó fuera de combate a Edward y Nathaniel. Después comenzó a transformarse en una bestia gigante llena de escamas, con una larga cola y afiladas garras. Quiso atrapar a Giselle, pero Robert se interpuso valientemente en el camino de Narissa.

—Por encima de mi cadáver —dijo.

—De acuerdo. Si lo prefieres así... —respondió Narissa.

Entonces, agarró a Robert y salió corriendo del salón de baile.

Giselle tomó la espada del príncipe Edward, se quitó los zapatitos de una patada y corrió tras ellos. Iba a salvar a su amor verdadero.

Sobre el tejado, la bestia Narissa amenazaba con dejar caer a Robert desde lo alto del gran edificio.

—¡Narissa! —gritó Giselle—. ¡No dejaré que te lo lleves!

Narissa ignoró a Giselle y subió hasta la torre del edificio. Giselle la siguió. En aquel momento, Pip apareció y se subió de un salto a la cabeza de la bestia Narissa.

Aquel pequeño exceso de peso fue justo el suficiente para desequilibrar a la bestia.

Cuando Narissa se cayó del edificio, Giselle lanzó la espada con todas sus fuerzas y clavó la manga de Robert contra la torre. Por un instante, dio la impresión de que Robert estaba a salvo.

Entonces, comenzó a resbalarse.

—¡Aguanta! —gritó Giselle.

Era demasiado tarde; Robert cayó... directamente en los brazos de Giselle, que estaban extendidos esperándole.

Y allí, con toda la ciudad a sus pies, Robert y Giselle compartieron otro beso de amor verdadero.

Poco tiempo después, Robert y Giselle se casaron. Crearon Modas Andalasia, donde confeccionaban vestidos de princesa para niñas, y los sueños de Morgan de tener una familia se hicieron realidad.

El príncipe Edward y Nancy resultaron ser una pareja perfecta y se casaron en Andalasia. Y tanto Pip como Nathaniel escribieron libros sobre sus aventuras, que se convirtieron en grandes éxitos de ventas.

El beso del amor verdadero había sellado su destino y les había llenado de alegría el corazón.

Y todos vivieron felices y comieron perdices.